-최정금 소장-
(EBS 60분 부모-스스로 공부하는 아이' 공동 저자)

우리 자녀들이 품고 있는 가능성은 무궁무진합니다.
때로는 방법을 잘 몰라서 우왕좌왕하기도 하고 스스로의 능력을 과소평가하기도 하지만
좋은 길잡이를 만나 자신의 잠재력을 확인하면 신나게 그 잠재력을 발휘해 나갈 수가 있습니다.
그 동안 현장에서 아이들의 집중력을 높이는 전문가로 활동하면서 쌓은 노하우들을 〈EBS 60분 부모〉에
출연하면서 소개하였고, 그 내용을 〈엄마와 함께하는 학습놀이〉로 엮어 학부모님들로부터 큰 호응을 받았습니다.
이제 학습상담 현장에서 적용했던 효과적인 방법들을 누구나 쉽게 활용할 수 있도록
〈우리아이 30일 시리즈-워크북〉으로 출간하게 되어 매우 기쁩니다.
 "모눈종이 따라 스티커 붙이고 색칠하기" 는 아이들의 집중력을
높이는 데 매우 효과적인 활동으로, 이 책에서는 그 동안 방송에서
소개하였던 "색칠하기" 에 "스티커 붙이기" 를 더하였습니다.
이 시리즈가 가정에서 자녀를 지도하시는 우리 부모님들과 아이들,
또 현장에서 아이들의 학습능력 향상을 돕고 계신 선생님들
모두에게 좋은 길잡이가 되기를 바랍니다.
화이팅!

최정금 소장은..
최정금심리학습클리닉 소장으로 EBS TV 〈60분 부모〉 심리학습클리닉 전문가, EBS TV 다큐멘터리 〈모성탐구 3부작〉 "엄마가 달라졌어요" 제 2부 - "엄마 바꾸기" 자문위원, KBS 수요기획 〈10분의 기적〉 학습클리닉 전문가로 활동하였고, 2013년 10월 현재 MBC 우리 아이 뇌를 깨우는 101가지 비밀 시즌2 '뇌깨비야 놀자' 자문위원으로 활동하고 있습니다.
저서로는 〈EBS 60분 부모- 스스로 공부하는 아이, 2007〉, 〈엄마와 함께 하는 학습놀이, 2008〉, 〈 집중력을 높이는 유아놀이, 2009〉, 〈자기주도 학습, 2012〉 1,2,3권 시리즈 등이 있습니다.

<최정금 소장의 초등집중력 높이기 30일> 구성

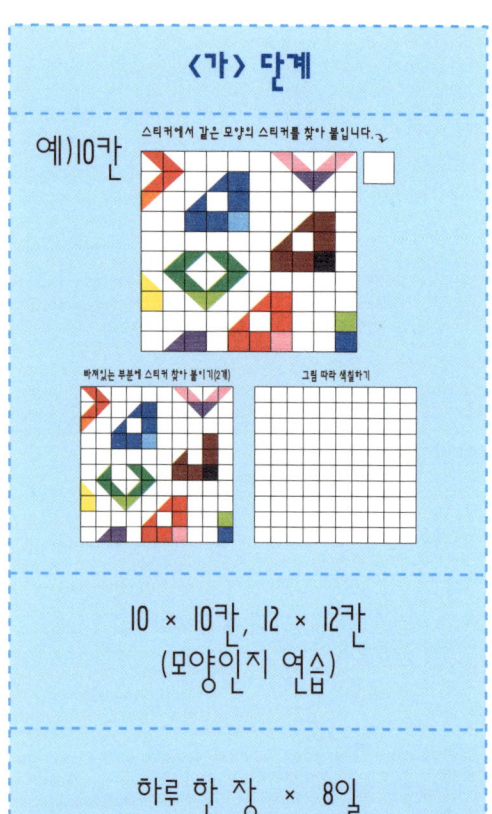

<가> 단계

10 × 10칸, 12 × 12칸
(모양인지 연습)

하루 한 장 × 8일

색깔 바꿔 그림 완성하기 2일

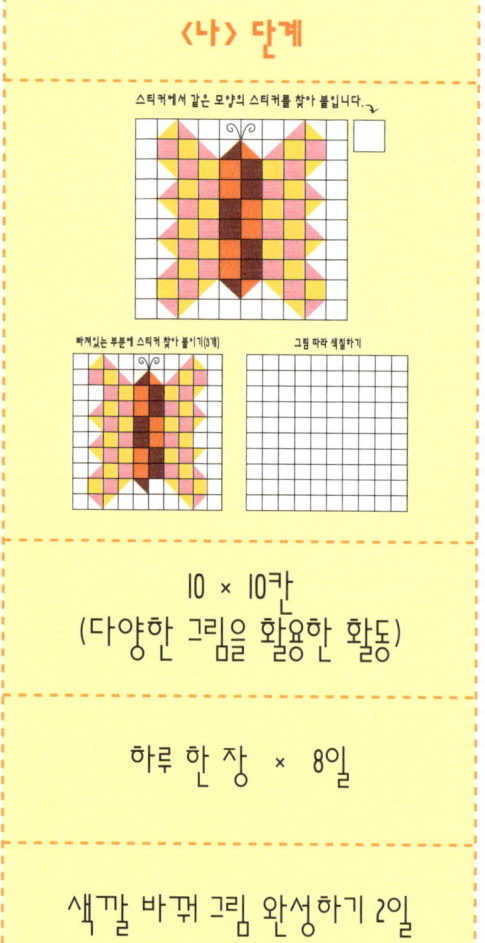

<나> 단계

10 × 10칸
(다양한 그림을 활용한 활동)

하루 한 장 × 8일

색깔 바꿔 그림 완성하기 2일

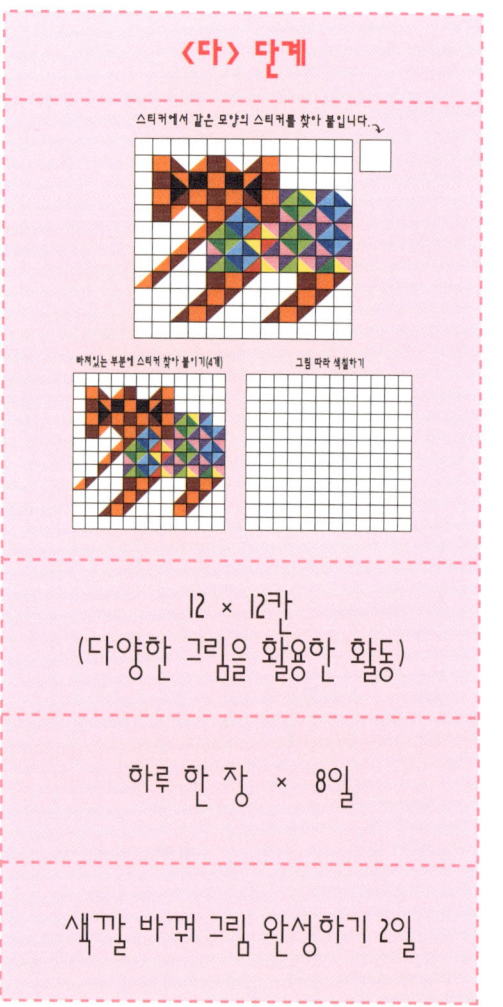

<다> 단계

12 × 12칸
(다양한 그림을 활용한 활동)

하루 한 장 × 8일

색깔 바꿔 그림 완성하기 2일

+ 자유 색칠하기 2p

가

하루에 1개씩

활동을 마친 후 별표에 색칠해 보세요.
모든 별표에 색칠이 되면 <나>단계로 넘어갑니다.

1일째	2일째	3일째	4일째	5일째
☆	☆	☆	☆	☆
6일째	7일째	8일째	9일째	10일째
☆	☆	☆	☆	☆

스티커 페이지에서 같은 모양의 스티커를 찾아 붙입니다.

날짜:

빠진 곳 찾아 스티커 붙이기(2개)   그림 따라 색칠하기

스티커 페이지에 있는 스티커를 활용합니다.

스티커 페이지에서 같은 모양의 스티커를 찾아 붙입니다.

빠진 곳 찾아 스티커 붙이기(2개)   그림 따라 색칠하기

스티커 페이지에 있는 스티커를 활용합니다.

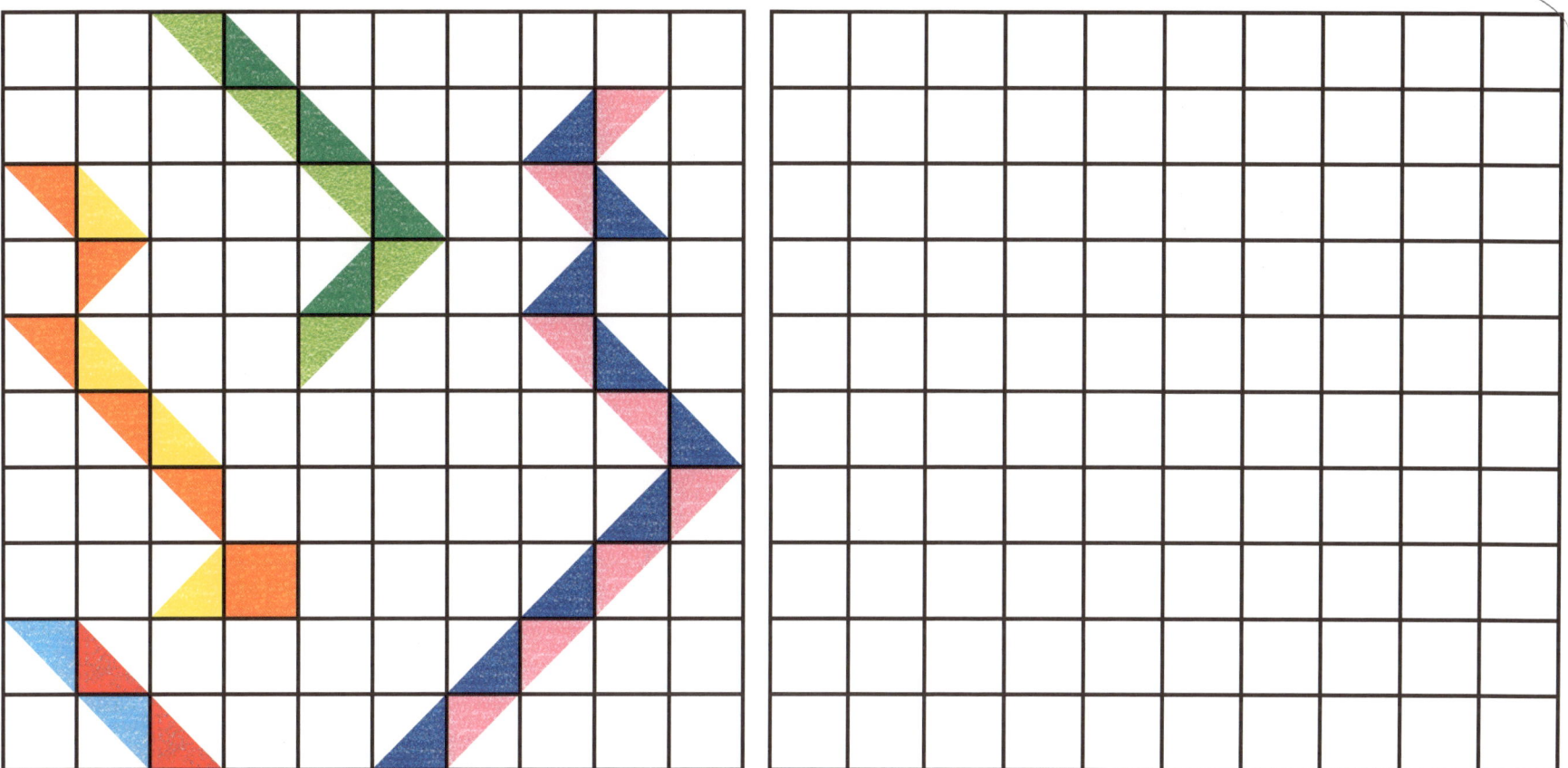

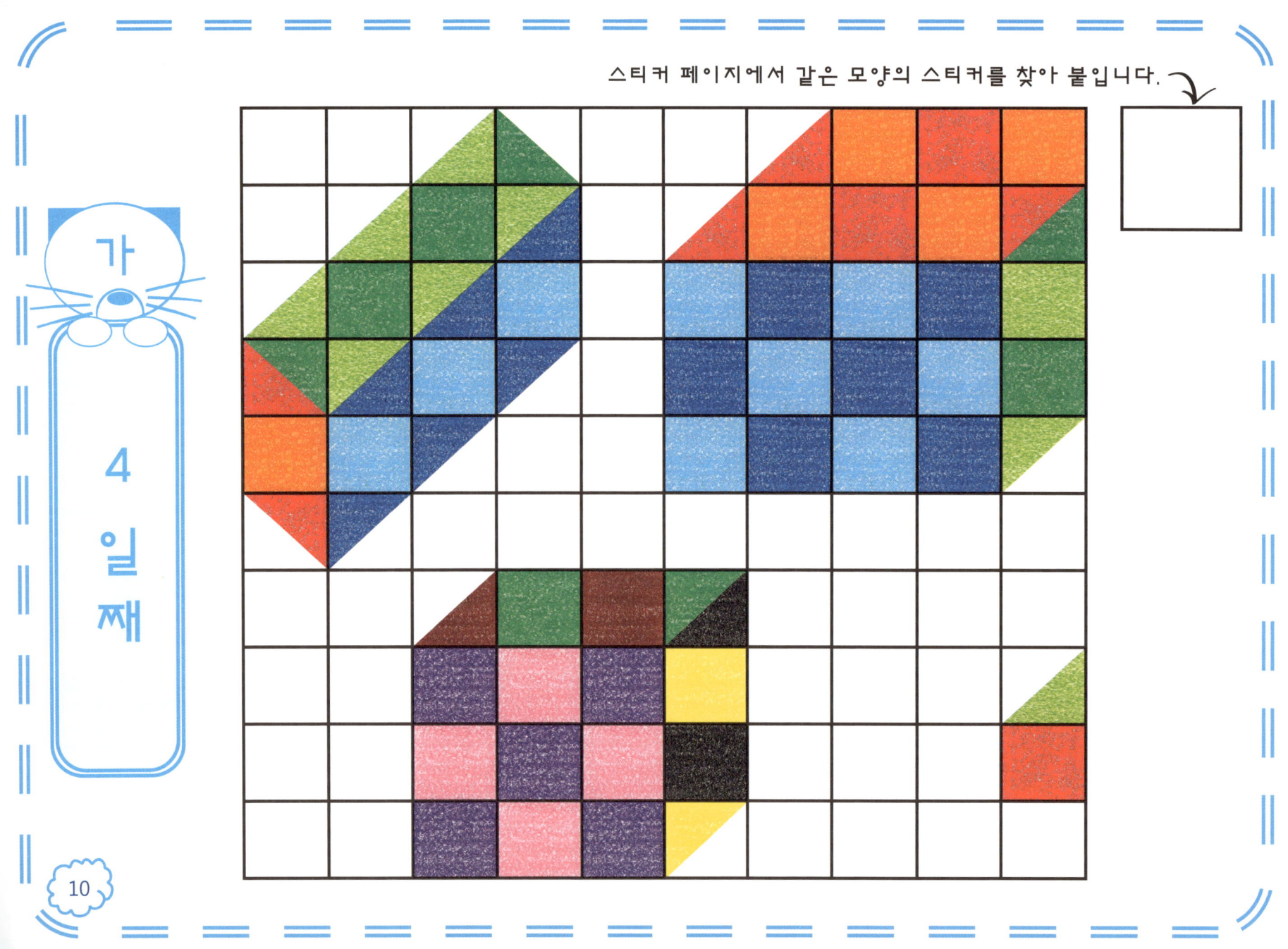

빠진 곳 찾아 스티커 붙이기(2개)   그림 따라 색칠하기

스티커 페이지에 있는 스티커를 활용합니다.

빠진 곳 찾아 스티커 붙이기(2개)   그림 따라 색칠하기

스티커 페이지에 있는 스티커를 활용합니다.

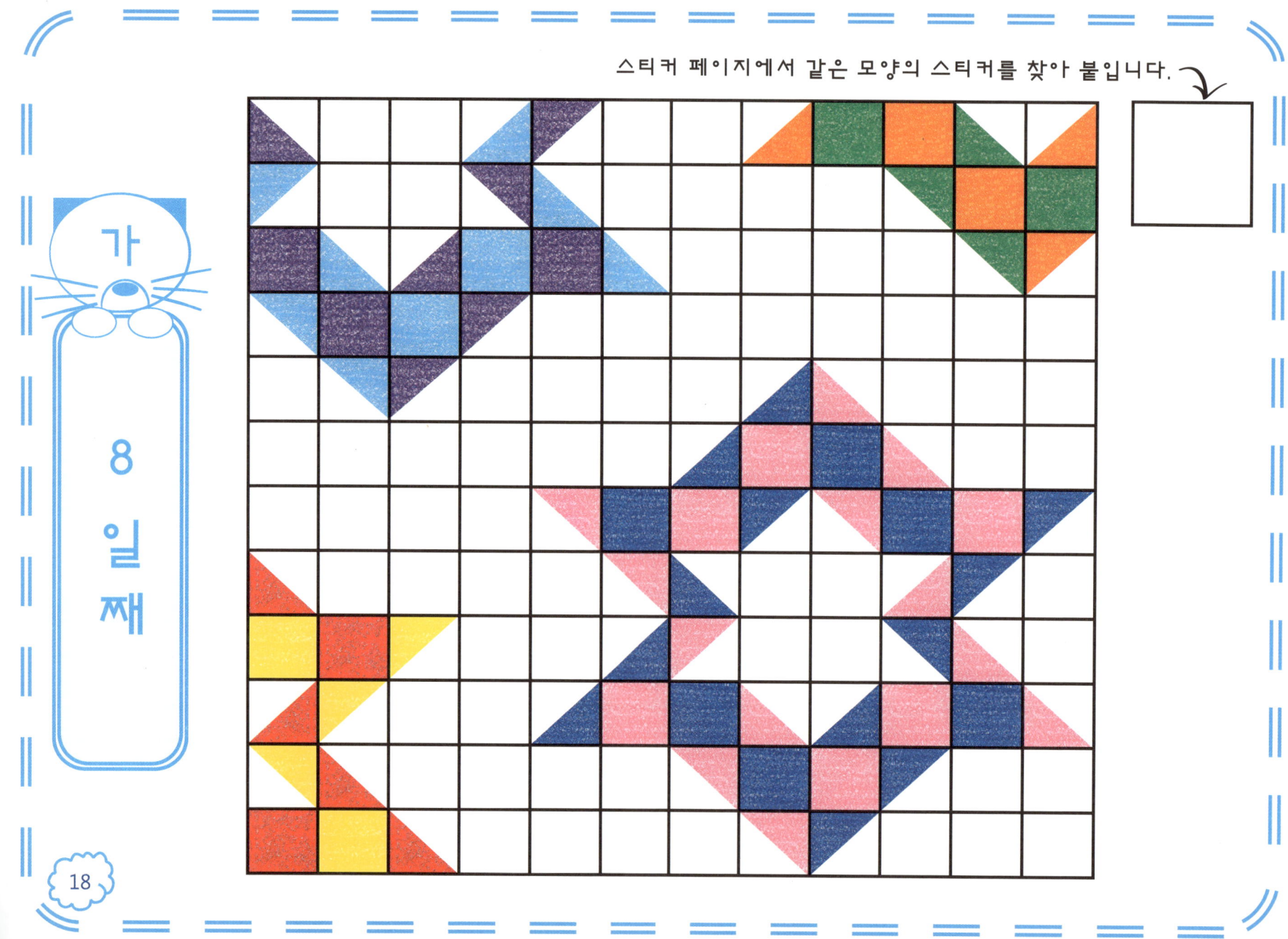

빠진 곳 찾아 스티커 붙이기(2개)   그림 따라 색칠하기

날짜:

스티커 페이지에 있는 스티커를 활용합니다.

색깔 바꿔 그림 완성하기
(빨간색→노란색)

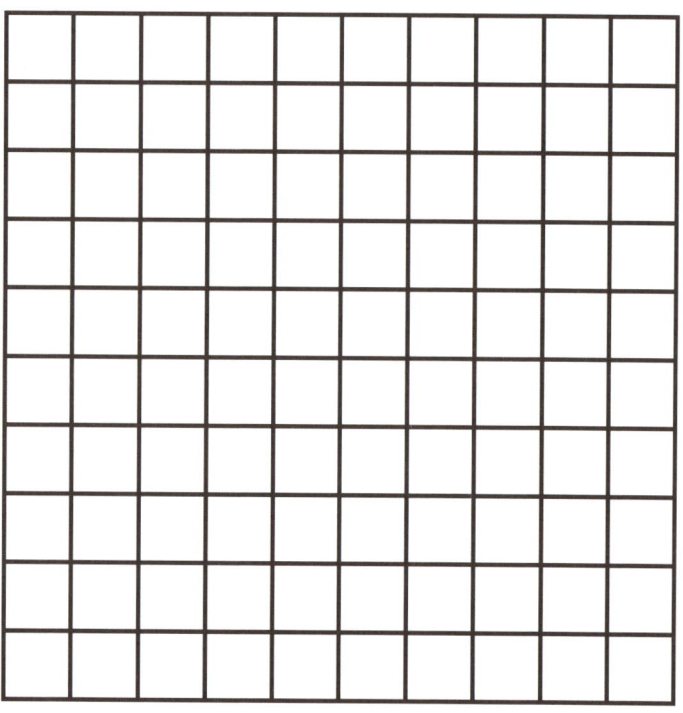

색깔 바꿔 그림 완성하기
(분홍색→보라색)

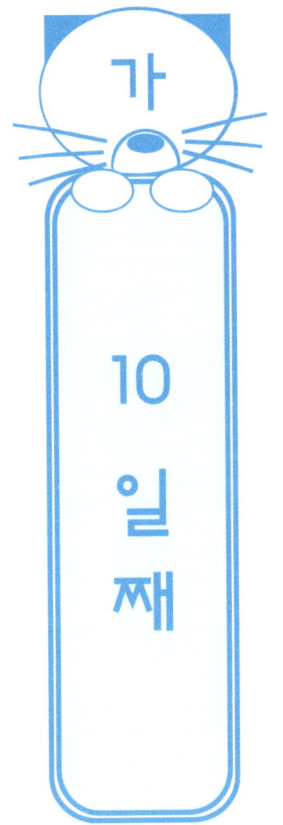
가 10일째

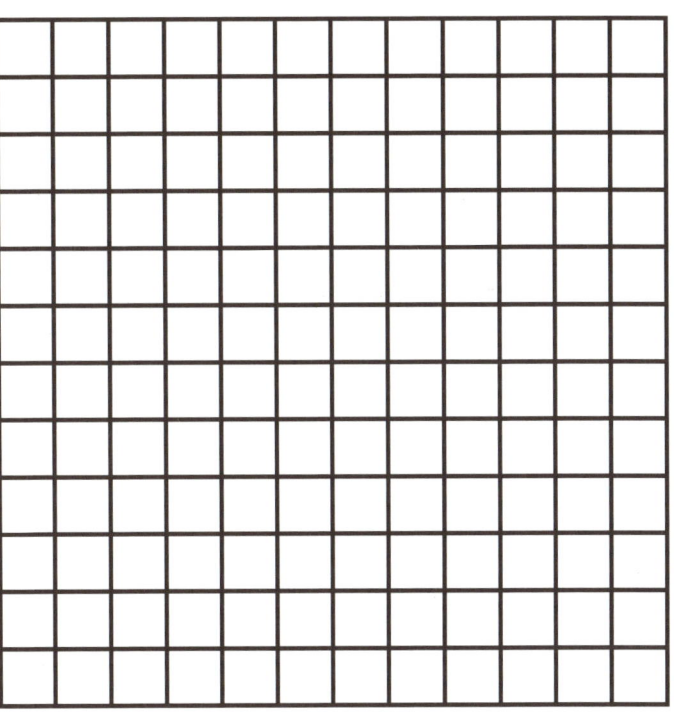

〈가〉단계 별이 모두 채워졌나요? 〈나〉단계로 넘어가 보아요~

나

하루에 1개씩

활동을 마친 후 별표에 색칠해 보세요.
모든 별표에 색칠이 되면 <다>단계로 넘어갑니다.

11일째	12일째	13일째	14일째	15일째
☆	☆	☆	☆	☆
16일째	17일째	18일째	19일째	20일째
☆	☆	☆	☆	☆

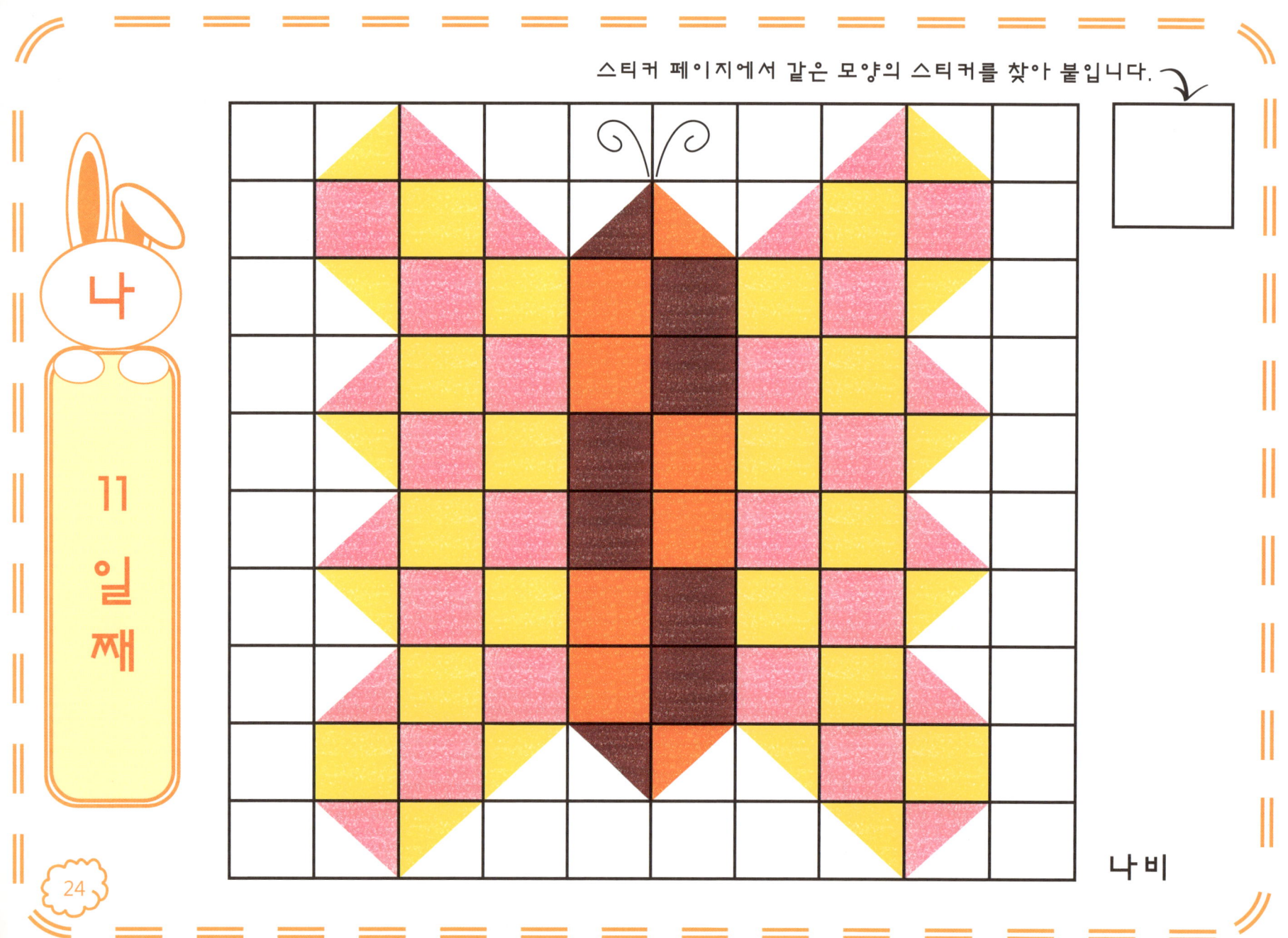

빠진 곳 찾아 스티커 붙이기(3개)   그림 따라 색칠하기

스티커 페이지에 있는 스티커를 활용합니다.

날짜:

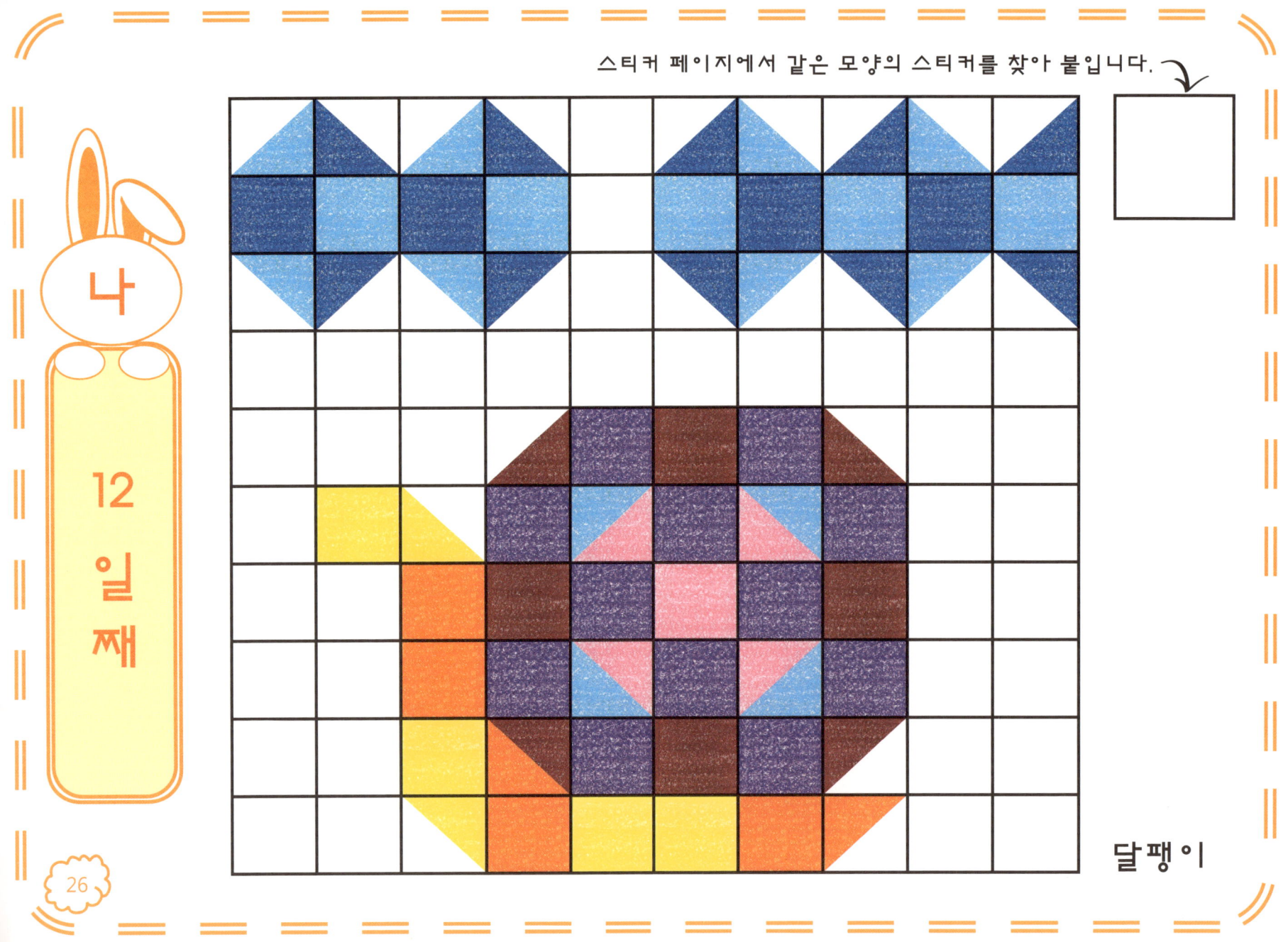

빠진 곳 찾아 스티커 붙이기(3개)　　　　　　　그림 따라 색칠하기

스티커 페이지에 있는 스티커를 활용합니다.

날짜:

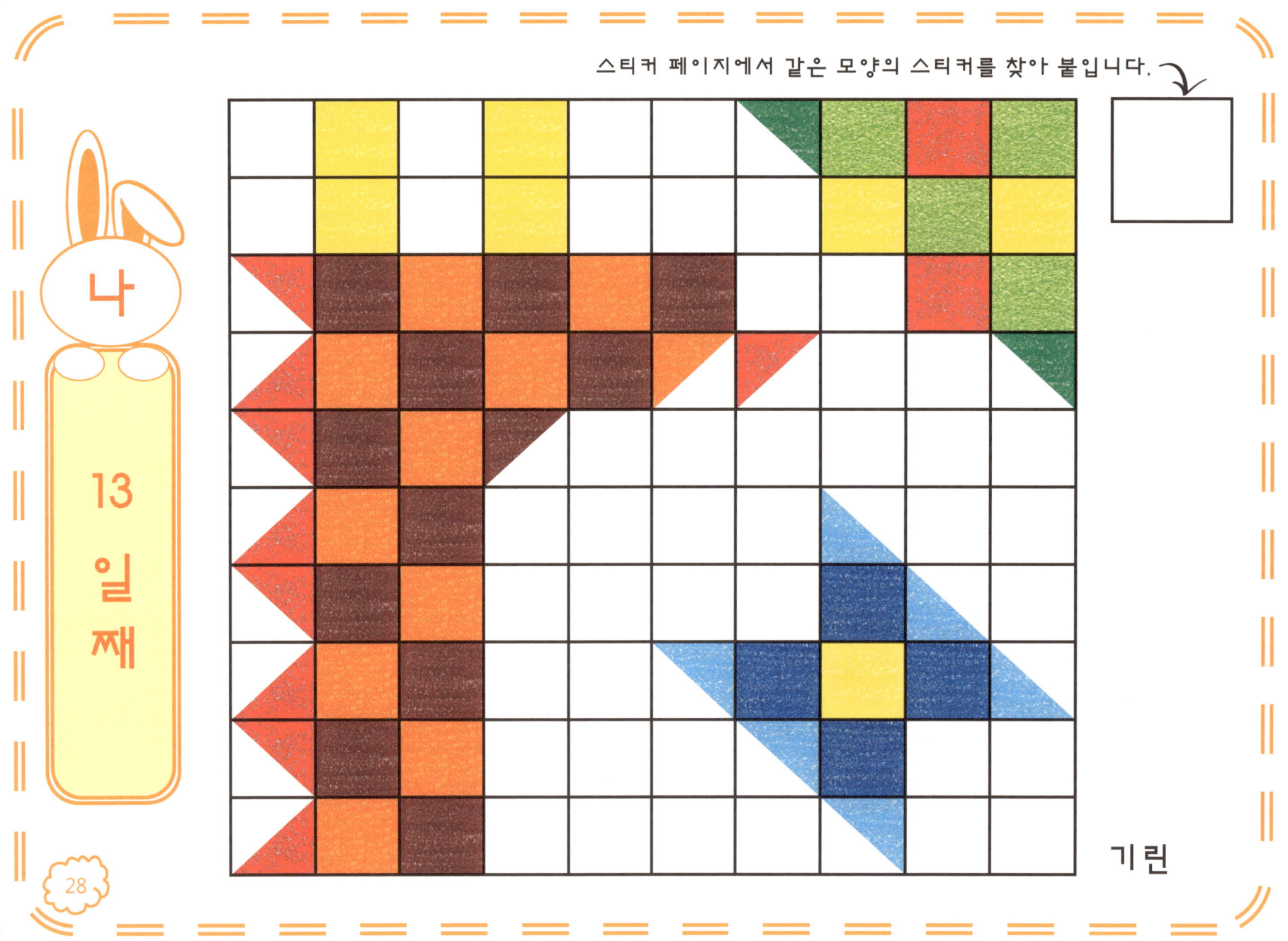

빠진 곳 찾아 스티커 붙이기(3개)

그림 따라 색칠하기

스티커 페이지에 있는 스티커를 활용합니다.

날짜:

빠진 곳 찾아 스티커 붙이기(3개)

그림 따라 색칠하기

스티커 페이지에 있는 스티커를 활용합니다.

날짜:

빠진 곳 찾아 스티커 붙이기(3개) 그림 따라 색칠하기

날짜:

스티커 페이지에 있는 스티커를 활용합니다.

스티커 페이지에서 같은 모양의 스티커를 찾아 붙입니다.

나

16 일째

토끼

34

빠진 곳 찾아 스티커 붙이기(3개)　　　　　　　　그림 따라 색칠하기

스티커 페이지에 있는 스티커를 활용합니다.

빠진 곳 찾아 스티커 붙이기(3개)

그림 따라 색칠하기

스티커 페이지에 있는 스티커를 활용합니다.

날짜:

빠진 곳 찾아 스티커 붙이기(3개)　　　　　　　그림 따라 색칠하기

날짜:

스티커 페이지에 있는 스티커를 활용합니다.

색깔 바꿔 그림 완성하기
(노란색→빨간색)

날짜:

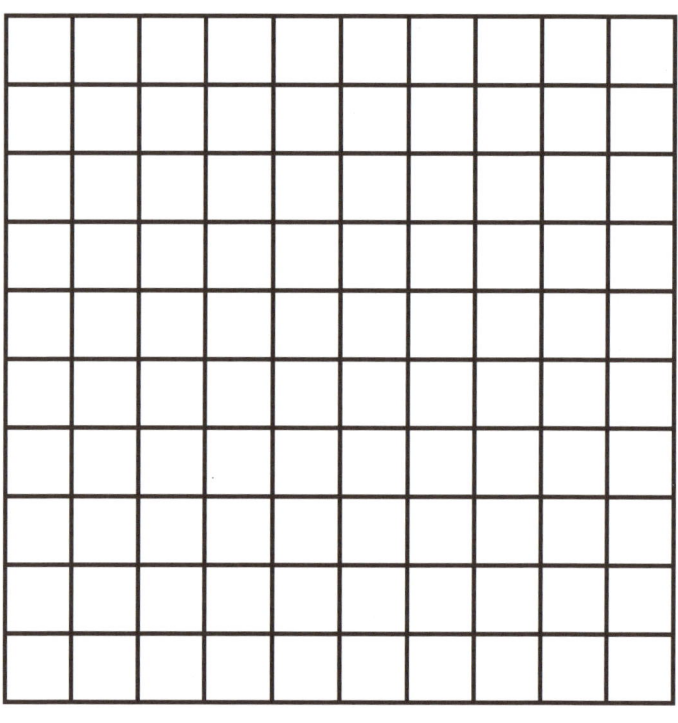

색깔 바꿔 그림 완성하기
(분홍색→하늘색)

날짜:

20일째

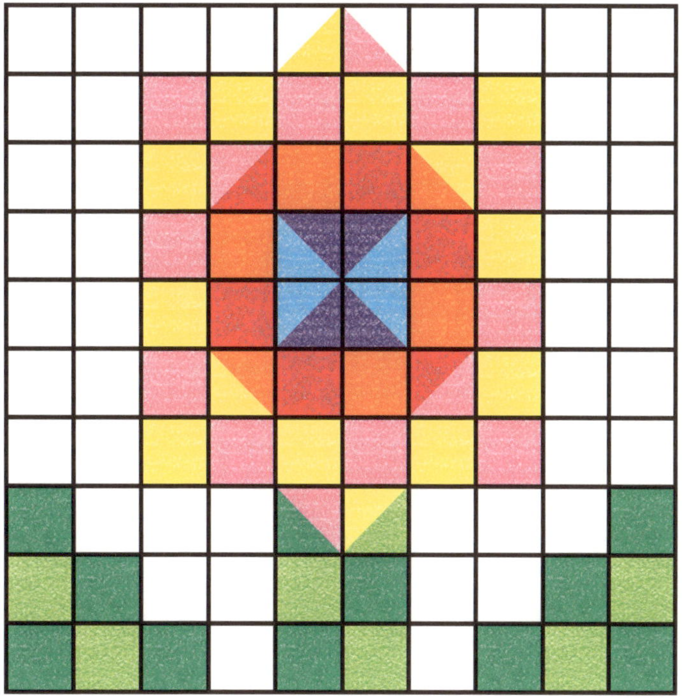

<나>단계 별이 모두 채워졌나요? <다>단계로 넘어가 보아요~

활동을 마친 후 별표에 색칠해 보세요.
모든 별표에 색칠이 되면 2단계로 넘어갑니다.

21일째	22일째	23일째	24일째	25일째
☆	☆	☆	☆	☆
26일째	27일째	28일째	29일째	30일째
☆	☆	☆	☆	☆

스티커 페이지에서 같은 모양의 스티커를 찾아 붙입니다.

다

21
일
째

뼈다귀

44

빠진 곳 찾아 스티커 붙이기(4개)   그림 따라 색칠하기

스티커 페이지에 있는 스티커를 활용합니다.

스티커 페이지에서 같은 모양의 스티커를 찾아 붙입니다.

자동차

빠진 곳 찾아 스티커 붙이기(4개)   그림 따라 색칠하기

스티커 페이지에 있는 스티커를 활용합니다.

스티커 페이지에서 같은 모양의 스티커를 찾아 붙입니다.

다

23 일째

크리스마스트리

48

빠진 곳 찾아 스티커 붙이기(4개) 그림 따라 색칠하기

스티커 페이지에 있는 스티커를 활용합니다.

날짜:

스티커 페이지에서 같은 모양의 스티커를 찾아 붙입니다.

다

24 일째

꽃게와 거북이

빠진 곳 찾아 스티커 붙이기(4개)   그림 따라 색칠하기

스티커 페이지에 있는 스티커를 활용합니다.

스티커 페이지에서 같은 모양의 스티커를 찾아 붙입니다.

다

25일째

선인장

빠진 곳 찾아 스티커 붙이기(4개) 그림 따라 색칠하기

날짜:

스티커 페이지에 있는 스티커를 활용합니다.

스티커 페이지에서 같은 모양의 스티커를 찾아 붙입니다.

다

26일째

프로펠러

빠진 곳 찾아 스티커 붙이기(4개)

그림 따라 색칠하기

날짜:

스티커 페이지에 있는 스티커를 활용합니다.

스티커 페이지에서 같은 모양의 스티커를 찾아 붙입니다.

다

27일째

소나무와 매미

빠진 곳 찾아 스티커 붙이기(4개)　　　　　　　　　　　그림 따라 색칠하기

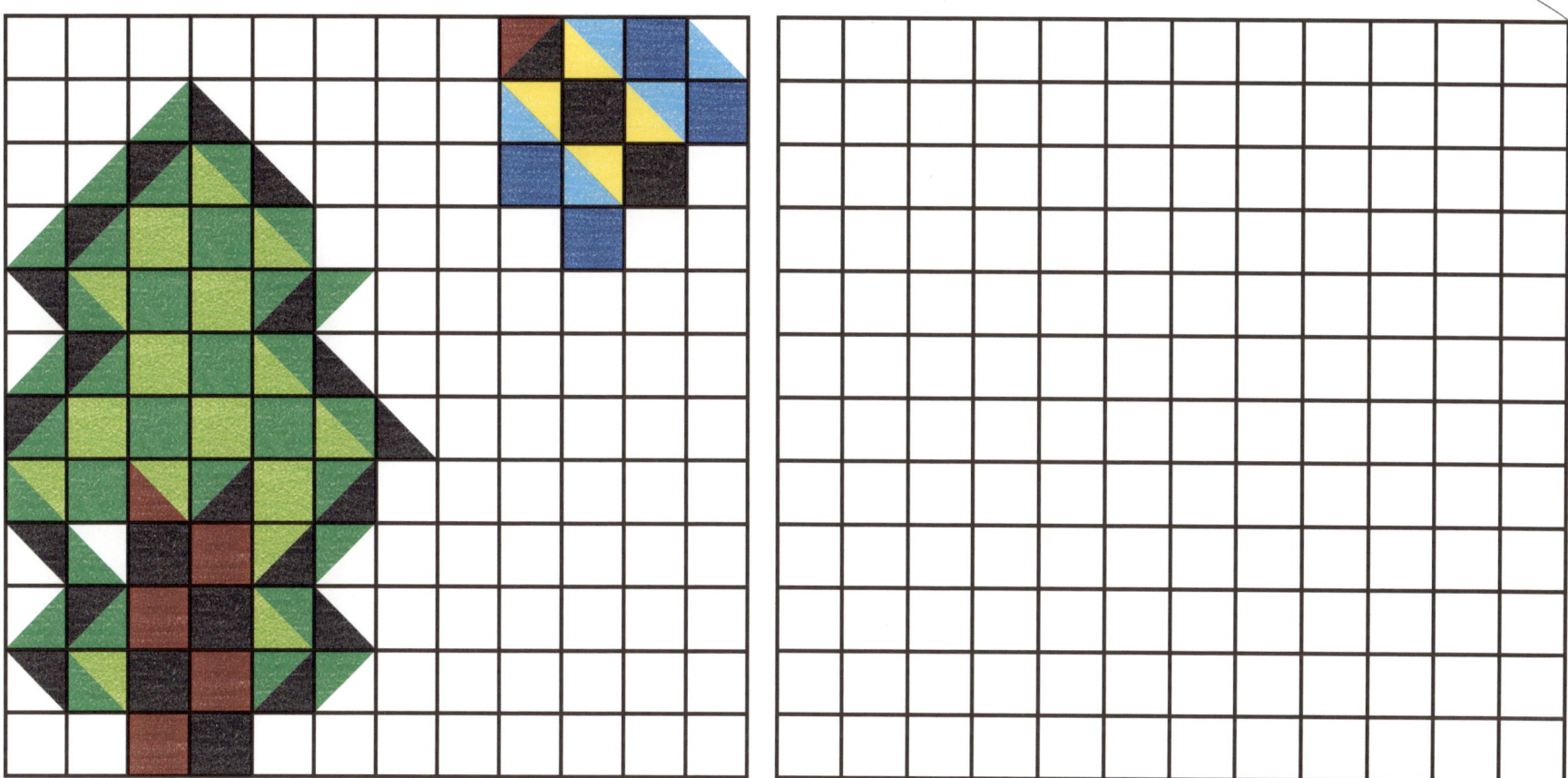

스티커 페이지에 있는 스티커를 활용합니다.

스티커 페이지에서 같은 모양의 스티커를 찾아 붙입니다.

다

28일째

코끼리

빠진 곳 찾아 스티커 붙이기(4개)　　　　　　　　　　　그림 따라 색칠하기

날짜:

스티커 페이지에 있는 스티커를 활용합니다.

색깔 바꿔 그림 완성하기
(연두색→하늘색)

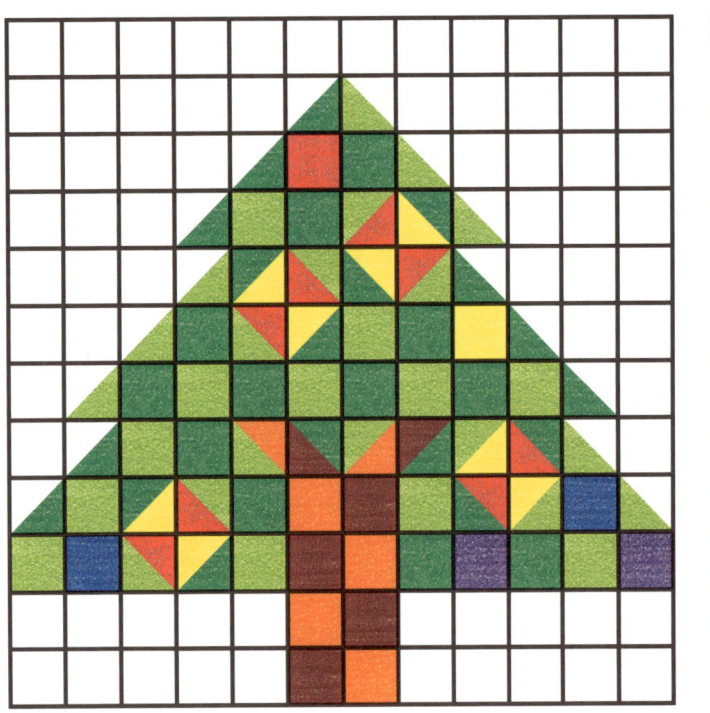

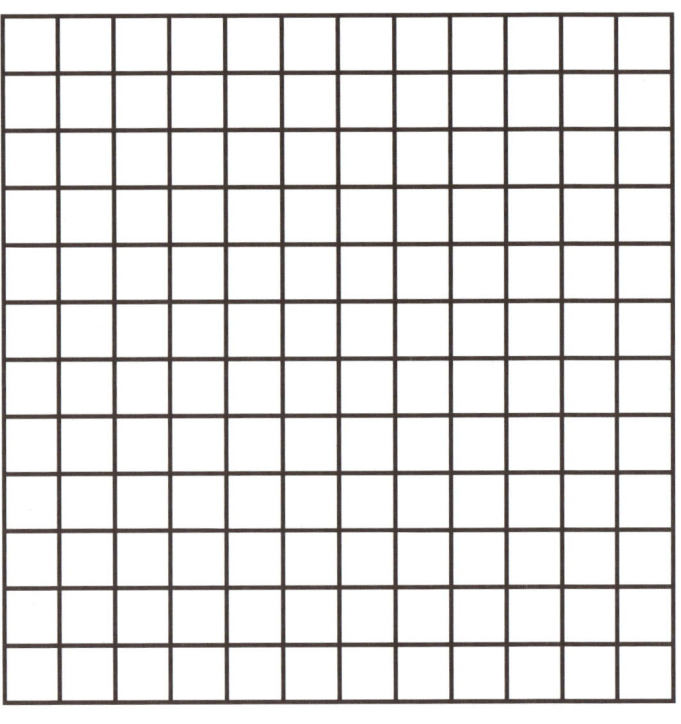

색깔 바꿔 그림 완성하기
(빨간색→주황색)

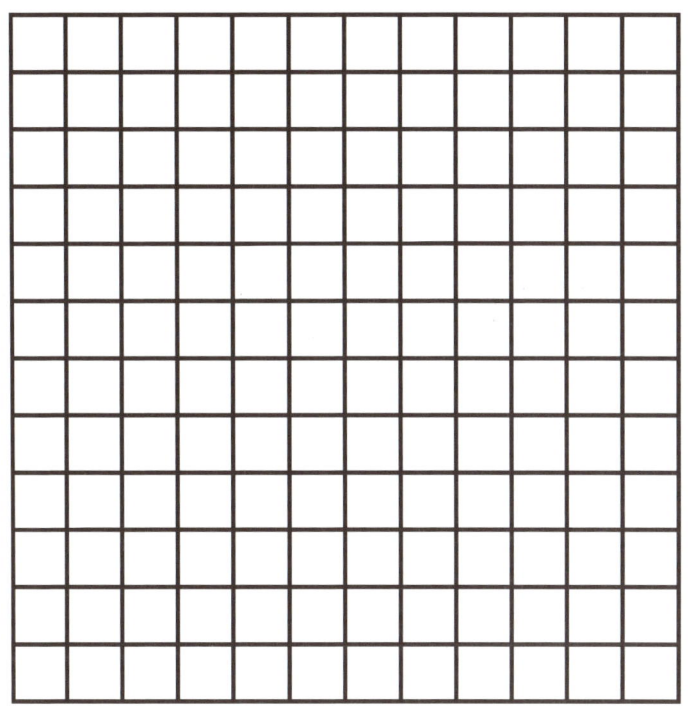

짝짝짝! 30일 활동을 마쳤군요~ 이제 2단계로 넘어가 보아요~

같은 그림을 찾아 보세요~^^

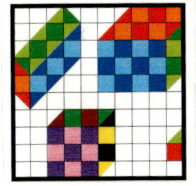   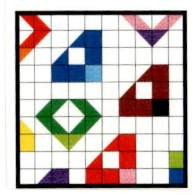 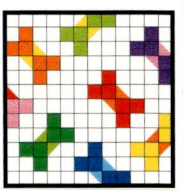  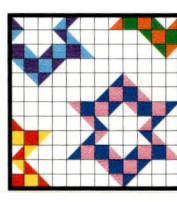 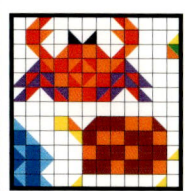

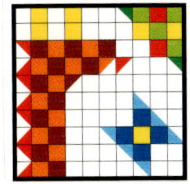 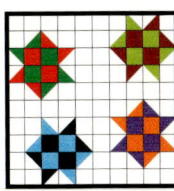 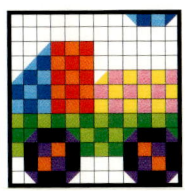  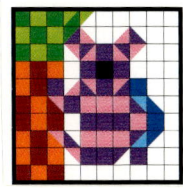 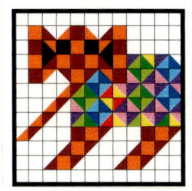 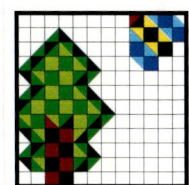 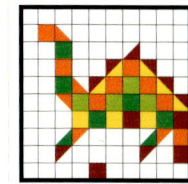

 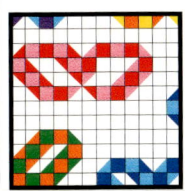 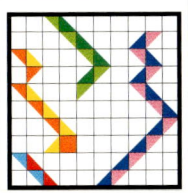  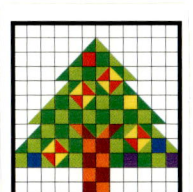  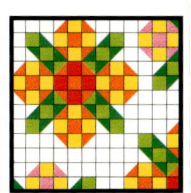 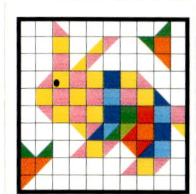

최정금 소장의 초등집중력 높이기 30일 1~6학년

색칠된 조각이 표든조각보다 몇 개 더 많은지 1~6학년

12간 × 12간

10간 × 10간